예 수

Texte: Benoit Marchon
avec la collaboration de François Mourvillier
Dessin: Jean-François Kieffer
JÉSUS
en bande dessinée
Copyright © 2000 by Bayard Éditions - Astrapi, Paris
All rights reserved

Translated by Hyeonju Kim
Korean translation copyright © 2002 by Benedict Press, Waegwan, Korea
Published by arrangement with Bayard Éditions Jeunesse SA, Paris

예 수
2002 초판
옮긴이 · 김현주 | 펴낸이 · 이형우
ⓒ 분도출판사
등록 · 1962년 5월 7일 라15호
718-806 경북 칠곡군 왜관읍 왜관리 134의 1
왜관 본사 · 전화 054-970-2400 · 팩스 054-971-0179
서울 지사 · 전화 02-2266-3605 · 팩스 02-2271-3605
www.bundobook.co.kr
ISBN 89-419-0221-5 07230
ISBN 89-419-0252-5 (세트)
값 7,000원

이 책의 한국어판 저작권은
Bayard Éditions Jeunesse SA와의 독점 계약으로 분도출판사에 있습니다.
저작권법에 의해 한국 내에서 보호를 받는 저작물이므로 무단 전재와 무단 복제를 금합니다.

하느님의 사람들 ❶

예 수

글 · 브누와 마르숑
그림 · 장 프랑수아 키페
김현주 옮김

분도출판사

이천 년 전 팔레스티나에서는
예수라는 인물이 사람들 입에 오르내렸다.
더러는 예수를 미친 사람이라 했고,
더러는 예수가 로마에게 빼앗긴 조국을
해방시켜 주리라 기대했다.
그러나 개중에는 예수를 하느님의 아들이라
생각한 사람들도 있었으니 ….

예수님을 만난 사람들

유대 지방 아이들

2,000년 전 유대 지방 어느 마을.
예수님의 말씀을 들으러 사람들이 모여들었어요.

사람들이 어린이들을 예수께 데려와서 어루만지게 하려 하자

제자들이 나무랐어요.

가파르나움의 백부장

하루는 예수께서 가파르나움에 들르셨는데

이 마을의 한 백부장[1]이 아끼던 종이 병으로 곧 죽게 되었대요.
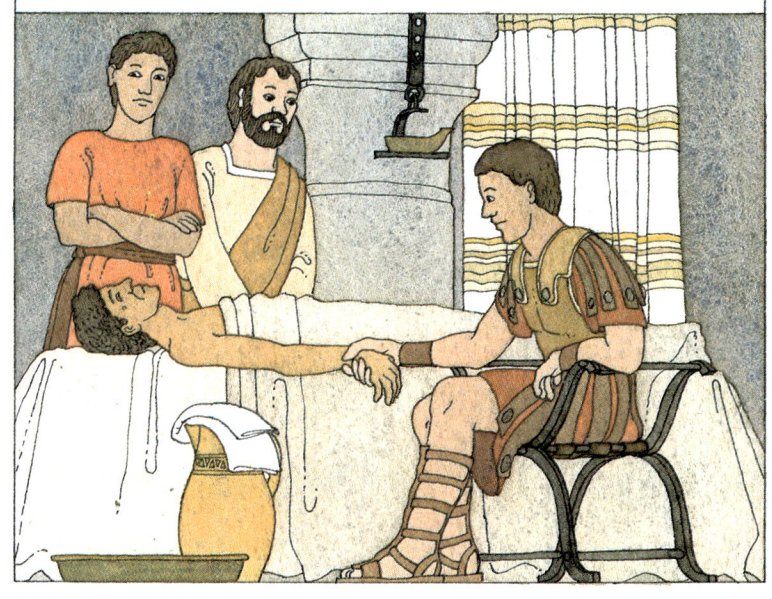

예수님 소문을 들은 백부장은 마을 원로들을 보내어 자기 종을 제발 좀 살려 달라 간청했답니다.

[1] 백 명 정도의 군인들을 거느리는 로마 장교.

1 유대인들이 모여 기도하는 집.

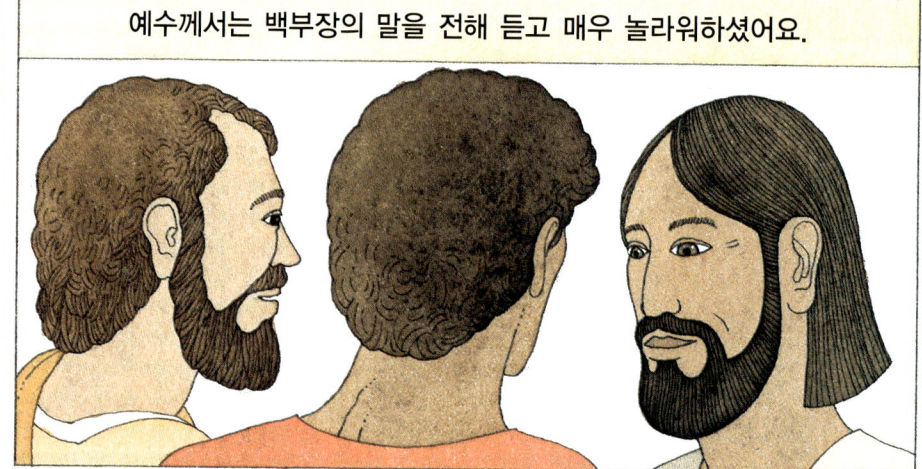

예수께서는 백부장의 말을 전해 듣고 매우 놀라워하셨어요.

정말, 이만한 믿음을 가진 사람은 우리 백성들 중에도 없을 겁니다!

심부름 왔던 사람들이 집으로 돌아가 보니 종은 이미 나아 있었어요.

나는 말하거니와,
이스라엘에서는 이만한 믿음을
본 적이 없습니다.

루가 7,9

바리사이 시몬

어떤 바리사이[1]가 예수님을 식사에 초대했어요.

마침 그 고을에는 죄인으로 소문난 여인이 있었는데, 예수께서 바리사이의 집에 초대받으셨다는 것을 알고 향유가 든 옥합을 들고 와서는 …

[1] 하느님에게 눈곱만큼의 죄도 범하지 않으려 했던, 매우 엄격한 유대인들.

그는 많이 사랑했기 때문에 많은 죄를 용서받았습니다. 적게 용서받는 사람은 적게 사랑합니다.

루가 7,47

[1] 당시에는 맨발로 다니는 일이 많아서 접대하는 사람은 손님 발을 씻어 주고 얼굴에 향유를 발라 땀과 먼지를 없애 주었다.

마르타와 마리아

예수께서 제자들과 함께 여행하시다가 …

어느 마을에 들르셨는데 …

마르타라는 여자가 예수님을 집으로 모셨대요.

마르타의 동생 마리아는 …

예수님 발치에 앉아 말씀에 귀를 기울입니다.

나병환자 열 사람

[1] 당시만 해도 나병은 불치의 병으로 알려져 있어서, 환자들은 격리된 생활을 해야 했고 기도 모임에도 참석할 수 없었다.

[1] 완치된 나병환자는 제관들에게 몸을 보였고, 완치를 확인한 제관들은 이들에게 사회로 돌아올 수 있는 권리를 주었다.

세리 자캐오

[1] 세관원들은 로마에 바칠 세금을 거두어들였는데 사리사욕을 채우기 위해 정해진 액수보다 더 많이 거두는 일이 자주 있었다.

1 세관원들은 로마에 충성하면서 종교법을 지키지 않았기 때문에 죄인 취급을 받았고 평판도 좋지 않았다.

예루살렘의 맹인

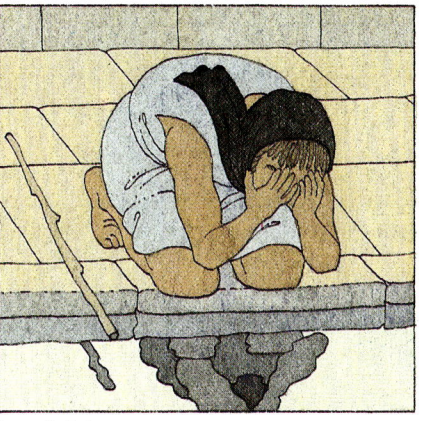

[1] 당시에는 질병을 하느님께서 내리신 벌이라고 믿었다.

[1] 율법을 맹목적으로 따르던 유대인들. 그들은, 쉬면서 하루를 하느님께 바치는 안식일에는 음식을 만들거나, 위험에 처한 사람을 구하거나, 심지어 매듭을 푸는 일조차 삼갔다고 한다.

차라리 맹인이라면 죄가 없겠지요.
그러나 지금 "본다"고들 말하고 있으니 당신들의 죄는 그대로 남아 있습니다.

요한 9,41

성전의 상인들

예수께서 제자들과 함께 예루살렘 성전¹에 들어가시어 …

¹ 유대인들에게 예루살렘 성전은 세상 속의 하느님 집이었다. 그들은 성전에서 기도드리고 희생 제물을 바쳤다. 봉헌물을 바칠 때는 특별한 화폐를 사용했는데 이것을 이용해서 장사하는 상인들이 많았다.

성전에서 팔고 사는 사람들을 쫓아내기 시작하여

환전상들의 상과 비둘기 파는 자들의 의자를 둘러엎고

성전을 가로질러 물건도 나르지 못하게 막았어요.

"하느님은 자녀들이 행복하길 바라는
아버지이십니다."라고
예수께서는 거듭 말씀하셨다.
많은 이들에게 이 말은 매혹적이었다.
하지만 불안을 느끼는 사람들도 없지 않았다.
그들은 하느님을 새로운 방식으로
이야기하는 것이 참 싫었다.
예수의 인기가 못마땅한 사람들도 더러 있었다 ….

예수님의 수난

[1] 하느님이 조상들을 이집트 종살이에서 해방시키신 것을 기리는 유대인들의 큰 명절로, 7일간 계속된다.
[2] 당시에는 식사 전에 종이 손님들의 발을 씻겨 길에서 묻은 먼지를 깨끗이 닦아 주는 관습이 있었다.

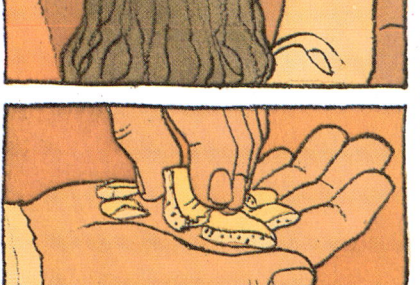

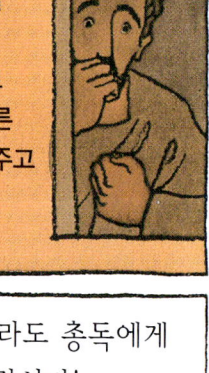

[1] 당시 팔레스티나는 유대, 갈릴래아, 사마리아로 나뉘어져 있었는데 지방마다 통치 방식이 달랐다.

1 당시 폭동과 살인 혐의로 감옥에 갇혀 있던 강도.

하느님의 사람들

이들은 세상의 빛이었다.
이들이 있었기에 세상은 보다 온전한 모습일 수 있었다.
사람의 역사 가운데 가장 숭고했던 인격의 면면들이
아름답고 격조 높은 그림에 실려 우리 곁에 다가온다.

전5권 | 김현주 옮김
각권 A4판 양장 | 7,000원(세트 35,000원)

❶ 예수
글 · 브누와 마르숑 | 그림 · 장 프랑수아 키페 | 48쪽
예수의 삶과 죽음, 말씀과 부활의 의미를 정겨운 그림과 함께 …

❷ 예수의 어머니 마리아
글 · 브누와 마르숑 | 그림 · 장 프랑수아 키페 | 40쪽
예수의 어머니이자 우리의 어머니, 마리아의 따스한 품에 안기는 느낌 …

❸ 불굴의 여행자 사도 바울로
글 · 브누와 마르숑 | 그림 · 도미니크 코르도니에, 베로니크 그로베 | 40쪽
불 같은 용기와 강철 같은 신념, 사도 바울로의 파란만장한 선교 여행기.

❹ 예수의 작은 형제 샤를르 드 푸코
글 · 브누와 마르숑 | 그림 · 레오 베케르, 베아트리스 베케르 | 48쪽
사막에 핀 믿음의 꽃, 만화로 만나는 샤를르 드 푸코의 일대기.

❺ 사부 성 베네딕도
글 · 마리 크리스틴느 레이 | 그림 · 니콜라 빈츠 | 48쪽
수도 생활의 등대, 한 권의 만화에 담긴 베네딕도 수도 규칙의 참정신.

강생의 마리아 귀야르
글 · 브누와 마르숑 | 그림 · 루이 알루앵, 크리스틴느 쿠튀리예
'캐나다 교회의 어머니' 마리아 귀야르의 인간적 고뇌와 신앙.

하느님의 기사 이냐시오 데 로욜라
글 · 엠마뉘엘르 달약 | 그림 · 장 클로드 브누와, 크리스틴느 쿠튀리예
한때 백마 탄 기사가 되고 싶었던 이냐시오 데 로욜라, 그가 '하느님의 기사'로 변모한 까닭은?

평화의 사람들

여기 평화를 위해 살다 간 사람들이 있다.
아픔 없이 사는 세상, 행복하고 사람답게 사는 세상을 위하여
때로 그들은 싸워야 했고, 고통 속에 죽어 가야 했다.
불꽃 같은 열정으로 평화를 갈구했던 성인들, 그들의 삶과 정신을 만화로 만난다.

전5권 | 김현주 옮김
각권 A4판 양장 | 7,000원(세트 35,000원)

❶ 오를레앙의 성녀 **잔 다르크**
글·장 루이 퐁트노 | 그림·에티엔느 정 | 40쪽
프랑스와 영국 간의 백 년 전쟁! 잔 다르크는 과연 조국에 희망과 자유를 안겨 줄 것인가?

인디언 인권의 수호자 **바르톨로메 데 라스카사스**
글·필립 레미 | 그림·가에탕 에브라르, 크리스틴느 쿠튀리예
부와 명예를 꿈꾸며 아메리카 대륙을 밟은 청년 바르톨로메,
그러나 그의 눈에 들어온 인디언들의 참상은 …

❷ 평화의 잔 꽃송이 **아시시의 성 프란치스코**
글·브누와 마르숑 | 그림·마르탱 마츠, 크리스틴느 쿠튀리예 | 40쪽
가난한 이들 가운데 가장 가난한 이가 던지는 사랑과 평화의 메시지.

❸ 인도의 빛 **마하트마 간디**
글·브누와 마르숑 | 그림·레오, 니콜르 포모 | 48쪽
비폭력·무저항의 숭고한 뜻이 이 한 권의 만화에!
1989년 프랑스 앙굴렘 만화 전시회 '기독교 시각'상, 종교 서적 청소년 특별상 수상.

❹ 흑인 인권 운동의 기수 **마틴 루터 킹**
글·브누와 마르숑 | 그림·클로드 미예, 드니즈 미예 | 40쪽
흑인 인권 운동가 킹 목사가 가난하고 억눌린 자의 편에서 벌이는 외롭고 의로운 투쟁의 기록.

❺ 캘커타의 성녀 **마더 데레사**
글·브누와 마르숑 | 그림·노엘르 헤렌슈미트 | 48쪽
『아스트라피』지 기자들의 눈에 비친 마더 데레사와 수녀들의 아름다운 일상.
1986년 최우수 그리스도교 만화에 주는 '무당벌레'상 수상.